Diversidade

Editora Appris Ltda.
1.ª Edição - Copyright© 2021 dos autores
Direitos de Edição Reservados à Editora Appris Ltda.

Nenhuma parte desta obra poderá ser utilizada indevidamente, sem estar de acordo com a Lei nº 9.610/98. Se incorreções forem encontradas, serão de exclusiva responsabilidade de seus organizadores. Foi realizado o Depósito Legal na Fundação Biblioteca Nacional, de acordo com as Leis nos 10.994, de 14/12/2004, e 12.192, de 14/01/2010.

Catalogação na Fonte
Elaborado por: Josefina A. S. Guedes
Bibliotecária CRB 9/870

R192d 2021	Randoli, Alberto Diversidade / Alberto Randoli. – 1. ed. - Curitiba: Appris, 2021. 123 p. ; 21 cm. ISBN 978-65-250-0671-0 1. Poesia brasileira. I. Título. II. Série. CDD – 869.1

Appris
editora

Editora e Livraria Appris Ltda.
Av. Manoel Ribas, 2265 – Mercês
Curitiba/PR – CEP: 80810-002
Tel. (41) 3156 - 4731
www.editoraappris.com.br

Printed in Brazil
Impresso no Brasil

Alberto Randoli

Diversidade

FICHA TÉCNICA

EDITORIAL	Augusto V. de A. Coelho
	Marli Caetano
	Sara C. de Andrade Coelho
COMITÊ EDITORIAL	Andréa Barbosa Gouveia (UFPR)
	Jacques de Lima Ferreira (UP)
	Marilda Aparecida Behrens (PUCPR)
	Ana El Achkar (UNIVERSO/RJ)
	Conrado Moreira Mendes (PUC-MG)
	Eliete Correia dos Santos (UEPB)
	Fabiano Santos (UERJ/IESP)
	Francinete Fernandes de Sousa (UEPB)
	Francisco Carlos Duarte (PUCPR)
	Francisco de Assis (Fiam-Faam, SP, Brasil)
	Juliana Reichert Assunção Tonelli (UEL)
	Maria Aparecida Barbosa (USP)
	Maria Helena Zamora (PUC-Rio)
	Maria Margarida de Andrade (Umack)
	Roque Ismael da Costa Güllich (UFFS)
	Toni Reis (UFPR)
	Valdomiro de Oliveira (UFPR)
	Valério Brusamolin (IFPR)
ASSESSORIA EDITORIAL	Evelin Louise Kolb
REVISÃO	Juliane Stocker Soares
PRODUÇÃO EDITORIAL	Jaqueline Matta
DIAGRAMAÇÃO	Daniela Baumguertner
CAPA	Sheila Alves
COMUNICAÇÃO	Carlos Eduardo Pereira
	Débora Nazário
	Kananda Ferreira
	Karla Pipolo Olegário
LIVRARIAS E EVENTOS	Estevão Misael
GERÊNCIA DE FINANÇAS	Selma Maria Fernandes do Valle
COORDENADORA COMERCIAL	Silvana Vicente

Agradecimentos

Agradecimentos à família, que é a base de tudo. Base deste escrito, inclusive. Pais, irmãos, esposa e filhos.

Mas principalmente à minha mãe, que me ensinou a ler o mais cedo possível.

Ao meu pai, trabalhador incansável, sempre meu exemplo.

À minha esposa, pelo apoio incondicional em todos os momentos desde que decidiu dividir sua vida com a minha.

Aos meus filhos, que me ensinaram o que significa ser responsável por outro ser humano.

E ao meu querido avô, que desencarnou muito antes destes escritos, mas com certeza esteve e ainda está ao meu lado em cada palavra.

Prefácio

Ao caminhar pelas palavras, frases e conceitos do livro, fui invadido por uma sensação de bem-estar, de bem-querer, de respirar a brisa da existência, de se fartar na moldura da natureza e contemplar seus personagens, nós, os personagens da vida.

O poeta é aquele que nos faz mais do que pensar, nos faz sentir, viver. E Alberto Randoli cumpriu, nestas linhas bem traçadas, a sua missão.

Ao trazer para o público a sua poesia comportamental, cercada de situações reais, tangíveis, e nem por isso menos sublimes, desvela, sem querer ditar ou impor regras, uma sucessão de reflexões voltadas para o bem, para o positivo, para o humano, para o resgate do que há de mais essencial em nós.

Sensações como felicidade, medo, esperança (bolo de milho), culpa, fé, amizade estão presentes nas suas palavras, que também refletem o amor, o casamento, a diversidade, a política, os valores, as mais variadas prisões, a família, o hoje, o ontem e o amanhã.

Enfim, trafegar pelas páginas deste opúsculo nos faz melhor.

São Paulo, 31 de janeiro de 2021.

Rodrigo Capobianco

Advogado, professor e escritor

Sumário

Diversidade 11

Felicidade 13

Medo 15

Valor 17

Votos de casamento 19

Retaguarda 21

(Im)perfeição 23

Meu amor 25

Bolo de milho 27

Inocência 29

Grilhões 31

Atrás das grades 33

Conto de um coração doente 37

Deficiência 41

Menino da praça 43

Amanhã 45

Outro dia 47

O homem do lixo 49

Dentro de mim 51

Minha culpa 55

O hipopótamo 57

Escada para a felicidade 59

Bocão do jacaré 61

Irmão urso 63

Sorte 65

Epitáfio 67

Memórias de um espinheiro 69

Evolução 71

Lágrimas de Deus 73

Pescador de almas 75

Espelho 77

O interneto (e a vovó antenada) 79

Eleição 81

Os novos baianos 83

Educação no Brasil 85

Religião e política 87

Eleições 89

Mãos de luz 91

Céu 93

Precisa-se de engenheiro 95

O garoto que queria ser livre 97

Tempestade 99

Tempestade II 101

Papel no chão 103

Missão 105

Achados e perdidos 109

Procurando você 111

Papel no caminho (em homenagem a Carlos Drummond
de Andrade) 113

Por trás da máscara 115

O mundo parou 119

Agradecimentos 123

Diversidade

Numa linda floresta havia uma caverna, onde morava uma bela Jaguatiquinha, com seus pelos sedosos e seus olhos verdes profundos como o mar.

Estava sempre na janela mais alta da caverna a observar os animais que passavam por ali. Um belo dia, viu aparecer um Hipopotinho, que vinha passando cheio de si, bonito e esbelto que ele era. Parecia um sonho: havia achado seu par perfeito?

Como animais tão diferentes poderiam viver juntos? Ela selvagem, arisca. Ele se achando dono da floresta, impenetrável e invulnerável pelo seu tamanho. Mas, quando ele cruzou com aqueles olhos verdes, não conseguiu resistir. Chamou a Jaguatiquinha para um passeio no Cine Floresta. Esse foi o primeiro de muitos.

Mesmo contra todas as expectativas, dois animais tão diferentes permaneceram juntos. Arranjaram uma caverna e começaram sua vida. A caverna era emprestada, meio apertada, mas eles não se importavam.

Um dia, a barriga da Jaguatiquinha começou a crescer, e o Hipopotinho ficou preocupado. A barriga cresceu, cresceu, parecia que ia explodir. Um dia a Jaguatiquinha começou a reclamar de dor, e os dois correram atrás da Coruja Sábia para saber o que estava acontecendo, e para sua surpresa, nasceu um Jaguatipotinho. O fruto dessa união não convencional veio alegrar aquela caverna.

Alguns anos depois, veio o segundo Jaguatipotinho, e a caverna já não comportava tanta gente. O trabalho foi árduo, mas finalmente aquela família conseguiu comprar uma caverna maior, com jardins em volta e muitos visitantes passarinhos.

E os Jaguatipotinhos cresceram com amor, estudaram e fizeram sua parte na vida. E, o principal, entenderam que a diversidade deve ser respeitada, e que cada um colabora com a família com aquilo que traz dentro de si. E, assim, crescem juntos.

Qual a diversidade na sua vida? Com o que cada um pode acrescentar à sua família? Não deixe os olhos do outro julgarem o seu destino.

Acrescente algo à vida de alguém.

Felicidade

Sou feliz.
Simplesmente assim.
Não porque não tenho problemas,
Ou desamores, ou dissabores,
Ou defeitos, ou incertezas.
Sou feliz porque não admito
Que a vida exista para nos
Causar tristeza.
Sou feliz porque
Minhas quedas são momentâneas,
Como quando somos crianças,
Sopramos o joelho ferido e
Vamos embora.
Não nasci para sofrer.
Dentro de mim existe
Alegria:
O sofrimento bate-e-volta.
Se um dia na rua
Me veres de cara fechada,
Chama-me a atenção:
Lembra-me de que sou feliz
Por toda a eternidade.
Ser feliz é um estado interior,
A despeito de todo limão que a vida possa lhe dar.

Medo

Liberte-se do medo
E tente ser feliz.
Temos medo de não ser
Bonitos o suficiente,
Inteligentes o suficiente,
Magros o suficiente,
Antenados o suficiente,
Mas, principalmente,
Temos medo de ser felizes.
Achamos que não merecemos,
Que necessitamos sofrer
Para aprender.
Fomos feitos para ser felizes
Aos poucos e em
Pequenas doses.
Devemos aproveitar
As oportunidades
De ser os melhores do mundo
Por alguns segundos.
Felizes por segundos
É sempre melhor
Do que atormentados a
Vida inteira.

Quero ser feliz
Por um motivo qualquer,
Por um fato à toa
Que me torne o ser mais
Incrível que possa existir
Naquele momento.

Valor

Qual o valor das coisas?
Quanto vale um carro, uma casa,
Uma noite com amigos na balada,
Uma paixão de uma noite,
Um bate-papo sobre a vida alheia,
Alheios à vida?
Quanto vale uma flor, um pássaro,
Um momento com a família,
Um amor eterno, uma vida feliz?
As coisas têm o valor que você dá a elas.
Se você dá valor ao dinheiro
Trabalhará o máximo possível,
Sem descanso nem piedade.
Mas um dia perceberá que nunca
É o bastante.
Se você valoriza uma boa saída com amigos
Fará de tudo para que gostem de você,
Até deixará de ser você,
E no fim perceberá que quando não puder ser
um cara legal
Seus amigos sumirão e você estará sozinho.
Se você valoriza as grandes paixões
Se entregará com toda vontade
À volúpia das sensações.

Mas então perceberá que os vícios das
Sensações pedem sempre mais,
E você não terá um Grande Amor
Para lhe estender a mão.
Se você dá valor às conversas alheias,
À fofoca, ao tititi,
E perde seu tempo com as histórias
Do outro,
No final perceberá que não construiu
Sua própria história.
Se você valoriza a natureza,
Saberá preservar o ambiente,
Evitando a poluição física e mental,
Tornando o mundo melhor.
Se você dá valor à família
Saberá ouvir seu irmão,
Mesmo aquele com quem não se entende,
Para preservar esse laço de união.
Se você valoriza um amor verdadeiro,
Então saberá distinguir dentro da multidão
Aquele ser que vai apoiá-lo sempre,
Mesmo que você não mereça e não
Entenda o porquê.
Se você valoriza a vida,
Não vai gastá-la em atos inúteis,
Vai tentar ser útil e preservá-la,
Não importa quão difícil seja o desafio.
Se você valoriza a vida do seu semelhante,
Então estará mais próximo de Deus.

Votos de casamento

Hoje,
Na frente de todos os nossos entes queridos,
Envoltos nesta névoa, entre lágrimas e risos,
Eu te declaro meu amor real e irrestrito.
E te agradeço antecipadamente
Pelo teu olhar clemente
Frente aos erros que cometerei.
Por cada pedra no caminho
Que com compreensão e carinho
Você me ajudar a mover.
Por cada nuvem de tempestade,
Seja aqui ou na erraticidade,
Que você me ajudar a vencer.
Para cada centímetro de orgulho,
Em que hoje pesadamente mergulho,
Que você me ajudar a perder.
Por cada lágrima que rola
Ao ver nossos filhos na escola
No dia em que aprenderem a ler.
Por todos os encontros e reencontros,
Família, trabalho, sofrimentos e encantos
Que comigo você resolveu viver.
E que ao final, nós dois como flores,

Que ao perderem o brilho ante os dissabores,
Mantêm-se firmes enquanto as pétalas caem.
Possamos unidos ser outra vez sementes,
Para na Terra fecunda nascer novamente,
Cultivados em amor e eterna paz.

Retaguarda

Não se ganha uma guerra
Só com a linha de frente.
Ela é forte,
Destemida, valente,
Mas normalmente é totalmente desorganizada
Durante as primeiras batalhas.
A guerra se ganha com a retaguarda,
Que fica por trás, pacientemente,
Sem receber os louros da batalha,
Mas fortalecendo todo o campo.
Preparada para entrar em ação,
Substituindo os feridos,
Dando apoio para os enfraquecidos
E mantendo a vibração.
Na nossa vida, a nossa maior retaguarda
É nossa família.
É nela que encontramos
O alívio e o reconforto
Para as batalhas do dia a dia.
Quando o cansaço nos atinge,
É nela que encontramos
O alívio para a fadiga.
Quando o desânimo nos fere,

São suas palavras queridas
Que curam nossas feridas.
Tá,
Eu sei;
Nem toda família consegue
Nos dar guarida.
Mas devemos nos lembrar que uma união é
feita de laços.
Todo laço depende de uma mão habilidosa que
o faça se transformar,
Ou ele vira simplesmente um nó.
Seja as mãos que fazem
Os laços de sua família,
E você conseguirá um grande aliado
Para as batalhas da vida.

(Im)perfeição

Sempre tem um jeito
Meio sem jeito
De ser perfeito.
É só abrir o peito
E deixar o imperfeito
Tomar conta do seu jeito.
E está feito.

Meu amor

De todas as surpresas na vida
Eu nunca haveria de saber
Bastasse um sorriso alegre
Outro sinal de bem-querer
Rara como o brilho da noite
A mulher para quem sempre vou viver

Fervilha em meu pensamento
Enlaçando sua alma na minha
Ronronando no meu peito
Na busca do sono caminha
Às vezes arredia e arisca
Não esconde sua face menina
De brincar de ficar de mal
Esquecendo que sempre ao final
Se entrega com amor e confia

Buscando, encontrei seu amor
Único, simples, verdadeiro
Ontem, hoje e para sempre
Sempre dentro do meu peito
Intenso, quente, derradeiro

Que o amor não seja só palavra, seja real alívio para o ser, o porto seguro da alma que deseja encontrar um lugar para descansar do dia a dia; um pouso onde se refrescar e continuar a jornada com menos peso e mais alegria de viver.

Bolo de milho

O telefone tocou.

Era uma ligação a cobrar. Esperei para saber o que viria do outro lado da linha.

— Alô? Mãe, é você?

— Oi, meu filho, algum problema?

— A senhora vem me ver na Páscoa, não vem?

— Vou, meu amor, alguma vez eu deixei de ir?

— A senhora me faz um favor?

— Pode falar.

— A senhora me traz um bolo de milho?

— Lógico, meu filho, não tem problema algum. Levo nesta visita.

— Brigado, mãe. Agora tenho que desligar. Amo você.

Estranho... Bolo de milho... Ele nem gosta disso, por que ligar para pedir? Quem sabe só queria ouvir minha voz. Desde que ele foi parar lá, cada toque do telefone era o prenúncio de um acontecimento infeliz.

Ele mal tinha passado dos 18, e por que fora se envolver com coisas daquele tipo... Teve todo o meu amor, desde antes de nascer. Podia ser qualquer coisa na vida, mas escolheu errado. E cada passo errado doía dentro do meu coração.

Foi uma noite difícil de passar. O sono era entrecortado pelas cenas da infância dele, toda nossa esperança e sonhos para o futuro. Foi um sono sem descanso.

Dia seguinte, vou para a estrada. Ansiosa e triste ao mesmo tempo. Não sem antes passar e comprar o bolo. Passo pela revista. Constrangimento.

Lá dentro, as grades oprimem o coração, e os muros cercam os sonhos. Em meio a tudo, aquele sorriso lindo me espera. Sorri com os lábios e com os olhos. Um abraço difícil de desgrudar. Um calor que faz falta até doer.

Depois de um tempo, a pergunta:

— Meu filho, por que você me pediu o bolo se você nem gosta dele?

Cara de surpresa, de quem nem imaginava aquela pergunta.

— Mãe, você lembra do Pernambuco?

Lembrava. Pele escura tipo índio, cabelo todinho branco e, como ele mesmo dizia, meia meia de idade. Boa parte da vida vivida daquele jeito.

— Lembro, meu amor.

— Então... Eu gosto muito dele e perguntei o que ele queria nesta Páscoa. Ele achou que eu estava de brincadeira, mas disse que há muito tempo ele não comia um bom bolo de milho. Então eu pedi para você, para ver ele feliz. Licença, mãe.

Levantou-se e foi em direção ao Pernambuco, que sorriu um sorriso gostoso, de quem revive a infância. E voltou, para continuar abraçado com a mãe, para aproveitar o tempo que eles tinham.

E naquela hora ela não chorou, porque não era necessário. Tinha que aproveitar seus momentos. Mas na volta, chorou feito criança. Chorou para lavar a alma, porque ainda via luz no fim do túnel. A cabeça podia errar, mas o coração continuava daquele menino amoroso, guardando tudo que ensinei para ele.

Quem sabe o menino saia forjado das grades como um homem. Quem sabe cresça, mesmo limitado pelas muralhas.

De qualquer maneira, tem meus braços abertos e meu incentivo para quantos bolos de milho ele quiser.

Inocência

Somos todos inocentes
Não precisamos de perdão.
Foram erros inconscientes
Frustrando o passado premente
Envolto em ilusão.
Como crianças carentes
Com a alma afetada
E doente
Pensamos sem exatidão.
Forçamos os acontecimentos
Enganados por pensamentos
Egoístas e com orgulho vão.
Tentamos na escola da vida
Sanar essa imensa ferida
Aberta em nosso coração.
Mas não ouvimos direito
Deixamos nosso preconceito
Pautar nossa dimensão.
À medida que crescemos
Com os erros aprendemos
A não julgar de antemão.
Mais que juízes: réus
Num julgamento dos céus

Conscientes de um futuro são.
Somos doentes da alma
Em processo de cura que acalma
Aprendendo a amar nosso irmão.

Grilhões

Quais são os seus grilhões?
Meu grilhão é o orgulho
Que me prende acorrentado
À vaidade
E me faz ter que ser
Sempre o melhor,
Sem erros ou enganos.
Quais são os seus grilhões?
Meu grilhão é a cobiça
Que me faz querer sempre mais
Das coisas concretas
Ou emocionais
Tentando guardar o que
Não me satisfaz.
Quais são os seus grilhões?
Meu grilhao é a vadiagem
Me arrastando na boa vida
Repetindo de etapa sempre e sempre...
Quais são os seus grilhões?
Meu grilhão é o ódio mortal
Que me acorrenta firmemente,
Que foi fruto de um amor doente
Temperado com meus próprios enganos.

Quais são os seus grilhões?
O meu grilhão é a inveja
Fruto da minha incapacidade plena
De querer ser melhor
Envolto nas desculpas
E medo de me transformar.
Quais são os seus grilhões?
O meu grilhão é a sensualidade
Disfarçada de amor
E fingida de desejo
Que me acorrenta aos
Corações partidos e aos
Sonhos despedaçados.
Para que tantos grilhões?
Se podemos romper com todas as correntes
E nos tornar elos de amor e
Fraternidade
A amealhar corações através do
Amor.

Atrás das grades

É duro olhar
Através das grades
O nascer e o pôr do sol.
Oprime a minha alma
E me faz sentir pequeno;
Como um pássaro que não pode voar
Dentro da gaiola.
Pelas grades vejo a vida passar,
O momento passar,
As pipas no céu, livres e soltas,
Através da grade a voar.
Pelo minúsculo espaço
Não passa quase nada,
Talvez o meu braço
Na infeliz tentativa de atingir o exterior.
E para ser menos infeliz,
Crio meu mundo imaginário,
Onde sou como as pipas a voar
Rasgando o céu.
Mas mesmo as pipas perdem o rumo
Ao serem atingidas pelo cerol
De outras que a invejam.
Não importa quão bonitas sejam

Ou quão alto voem,
Estão sempre à mercê
De outra invejosa a cortar
Seu fio de união com a
Realidade.
Tenho hora pra acordar,
Hora pra dormir,
Tempo certo para jantar,
Local certo para dormir.
Mas não, não me interpretem mal,
Ao imaginar o local
Onde me prendi.
Minha casa tem grades
Na janela, na porta, na área.
Grades que servem para me proteger
Da miséria diária,
Da violência sem compaixão
Que invade qualquer cidade.
Mas as grades oprimem meu ser
Quando da janela posso ver
Os pássaros em meu jardim
Gozando de liberdade.
As grades que seriam para proteger
Me mantêm cativo de meu ser
Sem participar das misérias da sociedade.
Mas também me apartam dos pássaros
Que a natureza sublime criou
Para alegrar meu jardim.
Quem sabe eu ainda crie coragem,

Arrebente as grades e com um pouco de sorte
Saia voando pelo meu jardim.
Entre os pássaros, lembrar da liberdade
Com que fui criado, puro e sem maldade,
E libertar o que há dentro de mim.

Conto de um coração doente

Ricardo F. Davida nasceu numa cidade pobre do interior, mas tivera a infelicidade de perder a mãe no parto. Segundo lhe disseram, era uma mulher muito forte e especial. Não conviveu muito com seu pai, pobre agricultor analfabeto que aos cinco anos o deu em adoção para uma família da capital, onde ele passou a conviver com mais três irmãos. Maldizia a vida que o fizera ser tão infeliz em tão pouco tempo e vivia infeliz.

Ao completar 18 anos, fez para si mesmo uma promessa: de que seria feliz a qualquer custo, procuraria a felicidade em qualquer lugar, a qualquer preço. Entrou para a faculdade de Direito, mesmo não sendo exatamente o que ele queria. Ricardo tinha o dom de desenhar, mas quem ele conhecia que ganhava dinheiro desenhando?

Entre tantas na faculdade, escolheu a parceira que seria sua pelo resto da vida. Para ser feliz, precisava de uma família, afinal, nunca tivera uma de verdade. Começou a trabalhar no escritório de seu sogro, um grande escritório no alto de um prédio famoso da cidade. Mas a vida ainda não havia lhe trazido a felicidade. Sentia-se entediado com a monotonia do dia a dia, o tempo trancado no escritório e a futilidade que ele encontrara em sua parceira.

Aos 30 anos entendeu o que faltava em sua vida: filhos. Com o consentimento de sua esposa, tiveram 2 meninos e uma menina. Parecia feliz. Mas a algazarra deles correndo pela casa o tirava do sério. Tinham uma energia que ele não sabia de onde vinha e não davam sossego a ninguém. Não via a hora de eles crescerem.

Em meio a um caso e outro no escritório, seus filhos cresciam. Adolescência não é fácil. Impertinência, o desafiavam todos os dias. Namoricos e problemas na escola, falta de interesse profissional; a falta de rumo deles o deixava louco.

Ao chegar aos 60, seus filhos haviam sido um desastre total. A menina havia se tornado uma mãe de família simplesmente, abdicando dos estudos e de uma profissão bem remunerada. Um de seus filhos virara assistente social e vivia envolto pela ralé, que o procurava na tentativa de resolver suas mazelas. O outro virara um advogado medíocre, a quem ele não confiava seus principais casos.

Se a felicidade não estava na família, onde estaria? Resolveu viajar. Embarcou então, sem a família, em um cruzeiro marítimo. Aproveitaria seu dinheiro conhecendo o mundo, longe das preocupações que a família lhe gerava. Ao final do primeiro dia, sentiu-se um pouco mal, o coração apertado e o corpo pesado. Imaginou que fosse por causa do balanço do navio e recolheu-se em sua cabine.

Quando acordou, sentia o corpo bem mais leve, como ele nunca havia sentido antes. Mas seu coração lhe trazia um peso enorme, como se uma mão gigante o apertasse dentro do peito. Com certeza, só poderia ser um ataque cardíaco. Saiu de sua cabine e procurou pelo médico do navio. Estranhamente, não encontrava ninguém pelos corredores, mas aquela dor estava ficando insuportável. De repente, deparou-se com uma placa escrita: Dr. Boaventura — Tratamento do coração. Graças a deus, ele pensou, ajuda!

Ao entrar, encontrou sentado um senhor de idade avançada, mas que apresentava algo no olhar que passava uma confiança infinita naquele ser. Explicou como pôde a sua situação, já que a dor se tornara insuportável. Dr. Boaventura iniciou os primeiros socorros.

"Meu amigo, posso ajudá-lo, mas vai precisar confiar em mim. A única forma de salvar seu coração é abri-lo agora e retirar de dentro dele o que lhe causa a dor. Sei que é estranho, mas no momento não há outra forma de auxiliá-lo."

Achando uma loucura, mas quase urrando de dor, Ricardo assentiu com a ajuda. Afinal, foi o único atendimento que conseguira, e se não agissem rápido, ele acabaria morrendo. Ficou perplexo ao ver que o Doutor abria seu peito com um simples gesto de mãos, expondo seu coração sem que ele sentisse dor alguma. Então Dr. Boaventura começou:

"Vejo muitas coisas inacabadas ou mal interpretadas em seu coração. A começar por sua mãe, que mesmo sabendo do risco que correria ao dar à luz uma criança, tendo uma doença séria do coração, teve o amor necessário para correr esse risco. Passando pelo seu pai, que reconheceu em você uma inteligência acima da média e teve coragem suficiente para entregá-lo para uma família que poderia lhe dar mais do que um matuto analfabeto jamais poderia proporcionar."

"Apesar de tudo, teve duas famílias: a que lhe recebeu e lhe educou e lhe amou de todo o coração, mesmo você se sentindo um estranho naquele lar, e aquela que você escolheu ter, com sua mulher e filhos. Infelizmente, estava tão preocupado com as infelicidades de sua vida que não vivenciou esses amores. Não agradeceu quem lhe guiou na vida. Desdenhou da mulher que você mesmo escolheu e não soube entender as necessidades próprias de seus filhos, não os encorajando para suas aptidões. Aliás, a sua própria aptidão ficou desprezada, quando trocou seu dom de desenhar por uma profissão que você achava mais nobre. Nunca percebeu que a felicidade estava sempre em seu caminho, pois olhava sempre para mais longe, procurando nos outros sua própria felicidade."

"Basta retirar de seu coração todo o egoísmo, a mágoa, o orgulho, a indiferença, a injúria, o ódio, e então poderá aflorar o amor, a caridade, o perdão, a solidariedade e tudo o mais que sanará suas dores."

"Doutor, o senhor não é um médico, é um santo. Além de tratar meu coração, parecia me conhecer e me ensinou um novo modo de ver a vida. Assim que aportarmos em terra firme, retornarei imediatamente para casa e tentarei reatar os laços que deixei partidos nesta vida. Aproveitarei ao máximo meu tempo e aproveitarei meu coração novo em folha. O senhor me salvou por completo."

"Infelizmente, meu filho, chegar ao meu encontro e efetuar este tratamento só é possível após encerrado o tempo na Terra. Esta noite você deixou para trás essa vestimenta grosseira que é o corpo material, e só assim foi possível ajudá-lo a tratar seu coração. Aproveite essa conversa e boa sorte na próxima jornada. Torço por você e espero que mantenha seu coração aberto. O F. de seu nome sempre foi de Feliz, mas você insistiu em mantê-lo abreviado durante a vida. Seja para sempre Ricardo Feliz Davida."

Deficiência

Estou cego
A andar pela cidade
Sem ver o que se passa
Ao meu redor.
Sem ver a iniquidade
Do garoto no farol
A traçar malabarismos
Sobre minha piedade.
Sem ver a imensidão
Da massa do povo
Caminhando sem caminho,
Sem futuro certo.
Estou surdo
E não ouço meu coração
Batendo acelerado
De medo do outro,
De medo de mim,
De medo de qualquer coisa
Que não conviva
Dentro de minha bolha.
Estou paralítico
De sentimentos e satisfação.
Não consigo mexer meus brios

Para ajudar meu irmão,
Meu próximo,
Meu Eu.
Meu braço direito está engessado
Para não cumprimentar ninguém;
Meu braço esquerdo está na tipoia
Para defender meu coração;
Minha perna direita está engessada
Para não jogar bola com meus filhos.
Os sentimentos ficaram paralisados
Dentro da bolha do meu coração,
Paralisados embaixo do concreto
Cinza como os transeuntes
Sem rosto da massa.

Menino da praça

Vejo o menino
Sentado na praça
Envolto em fumaça,
Andarilho infantil.
Seja com o saco
Cheio de cola,
Seja com o cigarro
Fazendo marola,
Navega sem rumo,
Apenas me olha.
A mim?
Ou a seu futuro que passa
No delírio ilegal
Da infância perdida
Que sonha com a droga,
Um futuro de glória,
Que afoga na bebida
A fome que corrói.
Corrói sua alma
Seu corpo, seu destino.
Pobre menino que a rua pariu,
Imerso esperando
A mão que afaga,

Um olhar, quem sabe,
Um oi displicente.
Sem respeito próprio
Nascido sem sorte,
Sem causa, sem vida,
Não sabe a força
Que leva latente.
Não sabe que é semente
De glória adquirida,
Não sabe de nada
E nem tem vontade.
Só sabe que a vida
Não foi feita pra ele.
Já não chora
Nem grita,
Só anda e suplica
Que a vida o leve
Pra onde a barriga
Não ronque de dor,
Pra onde o cansaço
Não exista mais,
Pra onde a lembrança
Da infância perdida
Fique escondida
Em outra dimensão.

Amanhã

Amanhã
Vou começar a emagrecer
Fazer dieta e com toda pompa dizer
Quantos quilos emagreci.

Amanhã
Vou ter mais tempo para mim
Vou jogar bola, me divertir
Ir ao cinema, teatro, sorrir.

Amanhã
Vou controlar meu humor
Ser mais gentil e amigo
Sem brigas, excessos, castigos.

Amanhã
Começo a comprar
Tijolo por tijolo meu futuro lar
Portas e janelas para minha proteção.

Amanhã
Pretendo amar uma mulher apenas
Entregar de corpo e alma sem medo
Respirar amor e carinho.

Amanhã
Vou ter uma ideia original
Vou produzir algo sensacional
Ser dono do mundo por um dia.

Amanhã
Não vou ter contas a pagar
Sem água, luz, telefone, sei lá
Sem obrigação nenhuma na vida.

Amanhã
Serei tudo que hoje não posso ser
Serei melhor, fiel, feliz, tranquilo
Serei aquilo que puder sonhar.

E que Deus salve o amanhã!!!

Outro dia

E se eu me for amanhã?
Se ao nascer do sol eu não amanhecer,
Não iniciar mais uma rotina,
Passar a ser mais um registro,
Mais uma lembrança?
Se minha passagem for rude e grosseira,
Ou calma e limpa e suave como uma carta de amor,
Será sempre inesquecível, apesar de transitória.
Porque vivi cada mudança de segundos com
intensidade.
Amei profundamente,
Da profundidade daqueles olhos verdes que carregam
o sentimento mais profundo de amor.
Fui dependente de meus genitores,
Moral e fisicamente, e não me envergonho disso.
Tenho orgulho de ser filho e de ser pai,
De saber chorar e secar as lágrimas de quem
depende de mim.
Trabalhei com carinho, não só pelo pão de cada dia,
Mas por amor ao que faço.
Acho que podemos medir a intensidade com
que vivemos
Pelas histórias que trazemos para contar;
Boas ou ruins,

Vencendo ou perdendo,
Rindo ou chorando,
Calando ou fazendo graça,
Mas sem nunca perder a vontade,
A vibração de viver;
O amor por si
E pelo próximo.
O que vai acontecer amanhã?
Não interessa.
Interessa o hoje e
A história de cada dia.
Importa o sorriso do meu filho,
O amor da minha mulher,
A certeza de ter feito
O melhor possível de cada infortúnio.
A certeza de ter sido
Único e imortal.

O *homem do lixo*

Vem subindo a rua
O homem do lixo
Com sua carrocinha,
Feito burro de carga
A carregar as mazelas do mundo
Com sua hercúlea força
Vinda da vontade
De juntar uns trocados.
Vem sujo, maltrapilho,
Às vezes amargo, outras alegre,
Quase sempre de cabeça baixa
Atrás de nossos restos para reciclagem.
Quem dera pudesse dar a ele para que reciclasse
O meu mau humor,
Para transformá-lo em pequenas alegrias
E distribuir entre amigos numa reunião.
Se ele pudesse levar meus maus pensamentos,
Formas pensamentos negras que me acompanham
Para se transformarem em esperanças de vida melhor,
Talvez meu orgulho servisse para algo,
Quem sabe para ser transformado
Apenas em autoestima
Que me impulsionasse rumo às estrelas.

As palavras ríspidas e mal direcionadas
Poderiam ser traduzidas em juras de amor eterno
Para minha mulher, minha família.
Meus preconceitos virariam uma mente aberta
Repleta de entendimento e compreensão.
Minha indiferença se transformaria
Na mão estendida para um irmão
De sangue, de vida, de amor...

Pobre homem do lixo, que levai os pecados do mundo,
Tende piedade de nós.

Dentro de mim

Por culpa do governo
Eu estou desempregado.
Por causa do mau tempo
Estou trancado em casa.
Se aquela linda mulher
Tivesse se casado comigo
Eu teria uma vida
Mais feliz.
Talvez se aquele professor
Fosse mais com a minha cara
Eu não tivesse
Perdido o ano.
Se meu salário fosse
MAIOR
O meu carro poderia ser
MELHOR.

Mas aquele grilo safado
Que conheci nos filmes
Do Pinocchio
Quando era criança
Fala no meu ouvido.

Sou responsável por
TUDO:
Minha alegria,
Minha sorte,
Força, vontade,
Amor, paz,
Futuro, esperança...
Se quiser ser feliz,
SEREI,
Mesmo em meio à
Penúria
E à tristeza.
Se quiser viver um
GRANDE AMOR
Basta estar aberto meu
Coração
Para recebê-lo na hora
Certa.
Se quiser viver uma
VIDA MELHOR
Tenho que trabalhar
Com afinco e
ACREDITAR
Que posso crescer.

O MUNDO vive e nasce de
Dentro de mim.
Só sou triste porque desisto
De ser feliz.

Só tenho problemas
Porque me falta vontade
De querer dissolvê-los
Na multidão.

Tenho muito de CÉU dentro de mim
E um pouco de inferno se eu quiser.

Minha culpa

Aninha estava na cama debaixo das cobertas. Cobria a cabeça e tremia feito vara verde ao ouvir os gritos que vinham da sala. Era pequenina e quase sumia na cama, toda encolhidinha. Tinha só 3 anos.

Os gritos aumentavam. De repente, o barulho foi para a cozinha, e ela ouviu o barulho de pratos quebrados. Daria para ouvir seus pais até se ela estivesse fechada dentro de sua caixa de brinquedos. Abraçou mais forte ainda sua boneca Emília. Tanto que a cabeça da boneca quase saltou para fora. Não sabia se protegia a boneca ou se ela a protegia.

A situação já durava muito tempo, e ela cada vez mais desesperada. Os gritos dos dois doíam em sua alma infantil. Num ato desesperado, levantou-se. Colocou seus pezinhos delicados dentro dos chinelos que mais pareciam de brinquedo e caminhou lentamente para o quarto dos pais, para onde a briga havia seguido.

E eles estavam tão perdidos em seus insultos que não a viram entrando. Um vidro de perfume foi arremessado, tendo como alvo certo a testa branquinha de Aninha. Logo se ouviu um grito de dor, e então os pais perceberam o sangue escorrendo por sua face rosada. Pelo menos a confusão acabou.

Ao chegarem perto para socorrê-la, ela começou a atropelar as poucas palavras que já havia aprendido na vida.

— Mãezinha, papai, me desculpem! Eu sei que eu atrapalho muito a vida de vocês. A mamãe não tem seu tempo para fazer mais o que gostava, e o papai trabalha mais e mais para poder alimentar e vestir mais uma pessoa. Por favor, não briguem mais por mim. Eu nunca quis atrapalhar...

E a cena termina num abraço dolorido de amor e incompreensão, misturado àquele sangue infantil que uniu os 3 em um misto de vergonha e apego. O coração dolorido de um amor simples infantil, que só quer a paz.

O hipopótamo

Entre todos na floresta
Ele sempre foi o mais
Atrapalhado e bagunceiro
Do reino dos animais.

Com as patas muito grandes
E o corpo bem gordinho
Quebrava todos os galhos
Que estavam no caminho.

Ele às vezes pisava
Quase sempre sem querer
No rabo de outro animal
Que gritava pra valer.

Quando tinha aniversário
Era a maior confusão
Comia quase todo o bolo
Com seu enorme bocão.

Quando entrava na lagoa
Todos os sapos coaxavam
Porque a água dela saía
E as bordas transbordavam.

Os macacos muito chatos
Sempre dele caçoavam
E as hienas sorridentes
Sempre dele debochavam.

Mas um dia ele viu
Uma cena inusitada:
O macaco estava preso
Numa rede bem armada.

O hipopótamo correu
E com a boca delicada
Desarmou aquela rede
Com uma bela dentada.

O macaco sorridente
Nunca mais riu do gordinho
E gritou pra todo mundo:
Esse é meu grande amiguinho.

Escada para a felicidade

Amor

Humor

Alegria

Ilusão

Ufania

Caridade

Amizade

Filhos

Família

Espinhos

Romaria

Confiança

Esperança

Encontros

Descobertas

Desencontros

Incertezas

Dignidade

Lealdade

Bala

Pirulito

Esmola

Choquito

Bexiga

Barriga

Bocão do jacaré

Do rio ele era o terror,
Todos sabem quem ele é,
Não tem quem não tenha medo
Do bocão do jacaré.

O macaco, muito esperto,
Na água não punha o pé,
Como todos tinha medo
Do bocão do jacaré.

Até a anta, nadadora,
Há tempos não tomava banho,
E os outros bichos reclamavam
Do seu cheiro meio estranho.

Na hora de tomar áqua
Era a maior confusão,
Todos bebiam correndo
Com medo do seu bocão.

Mas um dia a coruja,
Dos bichos a mais esperta,
Estranhou que todo dia
Ele ficasse de boca aberta.

E um dia a curiosa
Foi chegando de mansinho
E na boca do jacaré
Viu um tremendo espinho.

E com todo seu cuidado
E sua garra afiada,
Ela retirou o espinho
Dando uma só puxada.

O jacaré, tão feliz,
Rolou na água sem parar,
Conseguiu fechar a boca
Sem a dor a lhe espinhar.

Ficou feliz com a coruja
Que foi a ele socorrer,
E prometeu que nenhum bicho
Tentaria ele comer.

E no rio é uma festa
Onde entra quem quiser,
Porque ninguém mais tem medo
Do bocão do jacaré.

Irmão urso

Desde pequeno ele era fofinho. Todo marrom, bem peludo, e por muito tempo foi o único filhote do lugar. Então, naquela toca, reinava absoluto.

Brincava com os gravetos, pulava no rio, mesmo atrapalhando os outros ursos que tentavam pescar, mas todos toleravam suas artes. Afinal, ele era o único filhote daquele grupo.

Mas, com o tempo, ser o único começou a ficar chato. Todos os adultos faziam suas atividades. Limpavam a toca, caçavam, pescavam, ensinavam aos outros, e acabava sobrando pouco tempo para dar atenção e brincar com o ursinho.

Então ele teve a grande ideia: pediria a seus pais outro filhote, para que ele não se sentisse tão só. E seu pedido foi aceito. E o novo filhote, ou melhor, a nova filhote, chegou cercada de muito amor e carinho.

Enquanto ela era um bebê, ele sempre ajudava a cuidar dela. Alimentava, cuidava de sua limpeza e a via se desenvolver dentro de muita ansiedade. Afinal, ela veio para brincar com ele e preencher o espaço que faltava em sua vida.

O tempo foi passando, ela foi crescendo (não muito, porque ela era uma ursa meio pequenina), e eles começaram a poder brincar um com o outro. E dividiam a infância com muitas travessuras e bastante amor.

Mas, como o tempo passa para todos, o ursinho foi crescendo e virou um ursão grande e forte. E ele não tinha mais tempo para brincadeiras, pois já era tempo de aprender com o resto do grupo os seus afazeres. Até para outra floresta ele foi, e ficou cada vez mais distante.

E ele construiu sua própria toca e fez sua própria família, mas chegou um tempo em que ele sentiu falta de algo, e lembrou de sua irmã ursinha.

Mas quando ele voltou, ela não era mais uma ursinha. Tinha crescido (não muito) e já tinha sua própria vida e seus próprios afazeres. E a distância já não era de florestas, mas de meios de vida.

O grande urso sentiu saudades daquele tempo de filhote e percebeu que ele não tinha mais espaço na vida da ursinha. E isso não o deixava completo.

Um dia ele estava triste e foi espreitar a toca da ursinha, para ver como ela vivia. E lá encontrou seu marido urso e também um lindo filhote, criado com muito carinho. Ficou a observá-los de longe: as trocas de sorrisos com os olhos, o cuidado de um com o outro, e percebeu que não havia distância entre eles.

Eles nunca haviam estado longe, porque sempre viveram dentro do coração um do outro. E não importava a distância física, eles sempre estariam juntos, mesmo cada um em seu caminho.

Existem muitos caminhos para ser feliz.

Encontre o seu...

Sorte

Em plena São Paulo,
Na década de 70,
Nasci em casa, de parto normal,
Com a ajuda de uma parteira
(minha querida preta velha,
que pelas suas mãos conduziu
dezenas de seres pelo túnel da vida).
Tive muita sorte em tudo correr bem.
Durante a infância tive a grande sorte
De ter pais amorosos que se empenharam
Em minha educação, tanto moral quanto espiritual.
No fim da adolescência, mesmo sendo filho de
pais pobres,
Entrei na faculdade que desejava para fazer
O curso que queria.
Mais uma jogada da sorte.
Depois de conhecer algumas namoradas,
Tropecei naquela que seria minha mulher.
O elo que faltava em meu desenvolvimento,
Junto com meus dois filhos.
Isso é que é ter sorte!!!
Ah! Já ia me esquecendo...
Em meio a tudo isso, não deixei de ter desilusões,

Rejeições, desencontros, desenganos, desamores
e infelicidades.
Muitas vezes não agradeci ao Mundo Maior
A sorte de que me dotou.
Mas aprendi dia a dia, e continuo aprendendo.
Construa sua sorte a partir de tudo,
Até do que você ache improvável ou impossível.
Não espere a sorte te alcançar,
Crie campo para que ela apareça.
BOA SORTE!!!

Epitáfio

Vou pedir agora
A todos que aqui se encontram
Na despedida deste ente querido
Que chorem todos os que tiverem vontade.
Mas chorem pelo motivo certo:
A saudade da proximidade física.
Porque em coração este ente amado
Estará sempre ao nosso lado.
Oremos ao mais alto
E participemos da festa do plano maior.
Com certeza esse ser iluminado
Está sendo recebido entre abraços e sorrisos
Por todos aqueles corações gratos
Que ele amealhou em suas existências.
Está recebendo de volta
Cada sorriso amigo,
Cada lágrima sentida,
Cada gesto de amor,
Cada palavra de consolo.
Despe-se desta vestimenta grosseira
E transforma-se em luz
Translúcido e irradiando amor.
Sempre que nosso pensamento o procurar

Ele estará aqui, pois esses laços de amor nos unem para sempre.

Morremos para reviver

Numa nova roupagem, mas num velho espírito,

Acumulando tudo de bom que pudemos aprender.

Até Breve.

Memórias de um espinheiro

Nasci no Oriente Médio. Mais especificamente na região de Jerusalém. Nasci espinheiro, surrado pelas altas temperaturas e pela região agreste, incrustado em meio às pedras.

Era duro e, como qualquer espinheiro, hostil. Meus espinhos me defenderam dos outros, do mundo. Aprendi a viver com pouca água, pouco afeto, pouco tudo. Achava que era forte e eterno. Afinal, quem se aproximaria de um espinheiro para realizar uma colheita que fosse?

Ledo engano. Fui arrancado, ceifado sem dó nem piedade, em meio a muitos impropérios, sendo tratado como um nada. Mas, como espinheiro, mesmo fora da terra, ainda levaria um tempo para morrer.

Fui enrolado, torcido e energicamente cravado na cabeça de um homem. Eu tinha raiva, muita raiva, e desferi meu ódio sobre ele, penetrando no couro cabeludo e tirando-lhe sangue o quanto pudesse. Eu não iria morrer sem lutar.

Para minha surpresa, aquele homem não reclamou. Aguentou pacientemente a minha injúria, o espancamento de outros iguais e os xingamentos da multidão. Caminhou pesadamente carregando uma cruz, isolado em seu sofrimento. Depois de pregado a ela e erguido em frente à multidão, eis que abre a boca, e eu imagino que agora vai se rebelar.

Mas de sua boca escorre mel e perdão, e com uma doçura incomensurável, perdoa a quem o agrediu e ofendeu. Até a mim, que o agredi sem conhecer, destilando meu ódio a caminho do calvário.

A cena seguinte poucos olhos poderiam ver. O ser imortal largou suas vestes na cruz e orou por todos aqueles que careciam de amadurecimento, e para minha surpresa, olhou para mim:

— A partir de hoje, deixará de ser espinho e renascerá flor, para alegrar meu planeta e semear a paz. Que assim seja...

Evolução

O apego aos laços sentimentais é o grilhão que mais nos mantém presos ao mundo encarnado.

Vivemos sucessivas vidas depositando no outro o valor de nossa felicidade, transformando, ao menor infortúnio, Deuses em Demônios.

Ao passo que a verdadeira felicidade que nos leva à evolução está dentro de nós, em nossa própria evolução interior e na transformação moral que só pode ser edificada por cada um de nós.

Os amigos que nos cercam servem sempre de apoio para o mais alto, mas não devem ser eles nossa escada para um futuro melhor.

Lágrimas de Deus

Cada gota de chuva
É uma lágrima de Deus
A abençoar nosso Planeta.
Gota a gota, cai e ilumina
Nossa alma suja,
Tornando-a mais transparente.
Atinge a terra displicente,
E só um olhar mais premente
Consegue enxergar a dádiva maior:
O líquido que expande
E faz a vida brotar do solo.
Fecunda nossa terra
E nossa vida,
Alimentando de amor
A alma despida
Sem defesa frente a Seus olhos.
Induz à vida qualquer lugar,
Qualquer ser, qualquer luz
Que queira vencer a despeito de tudo,
Sem medo do Sol que queima o solo,
Sem medo dos erros que escurecem a vista.
Lágrimas de amor e complacência

De quem fertiliza o ser
Enchendo de amor e esperança
De encontrar a luz depois do horizonte nebuloso.

Pescador de almas

Um Rei sem coroa veio à Terra reviver,
Nascendo sem palácio, entre animais e a imensidão,
Onde a cauda de um cometa fez a vida florescer
Para retirar com amor o Homem da escuridão.

Foram três os seus padrinhos, caminhando no deserto,
Nascido de um coração de amor maior que o mundo
Para quebrar as fronteiras e viver sem pouso certo,
Para clarear as mentes e indicar um novo rumo.

Desde cedo foi mais sábio do que os sábios
se achavam,
Dono da maior fé, de uma moral inabalável,
Ele viveu e trabalhou como os homens trabalhavam,
Mas sempre dando o exemplo de maneira
mais louvável.

Entre humildes pescadores foi Ele recebido,
Iniciando a peregrinar e levar a Boa Nova,
Entre pobres e doentes, nunca se deu por vencido
E distribuiu amor do mais puro que renova.

Das almas em desequilíbrio Ele foi o pescador,
Trazendo-os com sua rede para junto do coração,

Sendo iguais tanto o justo, o ignóbil e o pecador,
Espalhando o auxílio, a caridade, a fé e a união.

E mesmo pregando a paz pelos lugares onde andou,
Acabou injustiçado ao ser atrelado à cruz.
Mas do alto, de braços abertos, a todos perdoou,
Esse ser iluminado de amor infinito chamado JESUS.

Espelho

Quando adentramos ao trabalho
De desobsessão, temos a tendência
De nos vestirmos de super-heróis,
Com capa e tudo, e poderes especiais
Para combater o mal.
Somos os cavaleiros sobre os cavalos
Brancos, lutando contra a tirania.
Porém, nos assustamos
Ao começarem os trabalhos
E ao nos depararmos com nós mesmos
No espelho.
Seres que erram como erramos,
Sofrem como sofremos,
Se desiludem como nos desiludimos,
Se defendem atrás de agressões,
Como muitas vezes reagimos no
Dia a dia, por medo.
Apegados ao orgulho e ao egoísmo,
Como muitas vezes nos arvoramos
Ao nos vangloriarmos pelo nosso trabalho,
Pelas nossas conquistas.
Passamos a nos achar incapazes de ajudar,
Pois padecemos do mesmo mal.

Somos iguais ou piores que aqueles
Que encontramos no trabalho.
E só quando tomamos consciência disso
Encontramos a verdadeira ferramenta
Do auxílio ao próximo:
O amor.
Não precisamos ser perfeitos,
Inteligentes, irrepreensíveis,
Precisamos apenas amar ao próximo,
E recebê-lo com carinho e solidariedade.
Afinal, mais do que um sofredor,
Ele é um professor.
Que nos dá a chance de
Aprender com seus erros.
Que nos ensina o caminho
Com suas curvas tortuosas e mal sinalizadas.
Que nos serve de exemplo e lembrança
De quantas vezes já estivemos
Do outro lado do espelho.

O interneto
(e a vovó antenada)

Marquinhos era um garoto adorável. Fazia as artes que todo garoto devia fazer: jogava bola, esquecia os brinquedos pelo chão da casa, de vez em quando quebrava alguma coisa da estante da mamãe. Adorava uma boa bagunça. E, mais do que tudo, amava brincar com a vovó Zezé.

Passar as férias na casa da avó era como ganhar um prêmio. Ela fazia tudo que ele queria. Levava para parques, jogava bola e, às vezes, até era encontrada rolando com ele no tapete, brincando de algo que só a imaginação deles podia entender. Fazia o que ele gostava de comer e não se preocupava tanto se no fim do dia ele não queria tomar banho, como a mamãe sempre fazia.

Mas Marquinhos foi crescendo e entrou na escola. Aprendeu a ler rapidinho. E com isso descobriu um mundo novo ao seu redor. Livros, videogames, computador. Então ele descobriu a internet. Passou a conviver boa parte do dia com o computador. E todo o resto foi ficando meio de lado. Até bola, que ele adorava, foi ficando para trás.

Todo dia entrava no Twitter, Facebook, conversava virtualmente com vários amigos, accssava e-mails e se inteirava de tudo o que acontecia no mundo através do computador. E passou a ter uma vida virtual muito mais ativa do que a vida real. A vovó já não o via, e ele não se interessava mais em passar as férias com ela.

Um dia, enquanto estava no Facebook, recebeu um convite de uma tal de vovó antenada e ficou curioso. Aceitou para ver quem era.

"E aí Marquinhos, td bem?"

"Td. Vc me conhece?"

"Desde que vc nasceu. Aliás, carreguei vc nos braços desde pequeno. Já esqueceu da vovó Zezé?"

"Vovó!!! Eu nem sabia que vc entendia de internet!!!"

"Eu não entendia. Mas como fiquei com mais tempo livre desde que vc parou de vir aqui, fiz uns cursos e aprendi td para poder te encontrar, nem que seja no mundo virtual."

"Puxa vovó, até me deu saudade de brincar com vc, de jogar uma bolinha pra variar. Até me deu mesmo uma grande vontade de te abraçar. Pena que vc esteja tão longe..."

"Na verdade, estou na sala da sua casa, teclando de um notebook novo que eu comprei para poder te acompanhar. Vem correndo pra me abraçar e matar essa saudade, meu neto querido."

E eles se reencontraram, porque nunca estiveram longe, apenas meio afastados pelo mundo moderno. E o abraço foi tão gostoso que o Marquinhos entendeu que aquele calor e amor não dá para conseguir no seu computador.

Eleição

O meu candidato é o melhor!
Arranja emprego
Asfalta rua
Ilumina viela
Beija criancinha
Resolve problemas...

O meu candidato é o melhor!
O melhor que ele pode ser
Desvia dinheiro
Mas como haveria de ser
Como se sustentar
Ganhando tão pouco?

O meu candidato é o melhor!
Cuida de mim
Com todo carinho
Mas quem se importa
Com meu vizinho
Aquele que em outro resolveu votar?

O meu candidato é o melhor!
Afinal, em quem vou votar?
Se o sistema não quer deixar

Se qualquer um não pode se eleger
Precisa ser da elite para ser do poder...

Eu quero um candidato melhor!
Que viva aqui e me conheça
Que entenda o que falta
O que sobra, onde agir
Que ganhe tão pouco que
Só valha a pena
Ser eleito quem quer trabalhar.

Os *novos baianos*

Há algumas décadas, São Paulo crescia
vertiginosamente para cima,

E houve uma grande onda de nordestinos que a invadiu
em fuga da miséria e da fome,

Que contrastava com o progresso dessa cidade.

Não importa de que Estado migravam, eram
conhecidos por BAIANOS.

Povo sem medo de trabalho e muito feliz,

Contrastando com o cinza da cidade.

Ergueram do próprio punho a grandeza dos outros

E muitas vezes não conseguiram erguer o próprio teto.

De seu suor nasceram os rios de dinheiro da Paulista

E de tantas outras regiões nobres.

Hoje já não são de outro lugar,

Fazem parte do cinza do local,

Do concreto armado que ergueram aqui.

Mas eis que surge uma nova onda vinda do Oeste,

Uma onda bolivariana

De homens e mulheres educados e gentis,

Mas que fogem de seu país também fugindo da
miséria humana.

Trabalham como escravos em confecções em um
país hostil,

Em porões, alimentando esperanças.

São os NOVOS BAIANOS,

Que mais uma vez vêm contribuir,

Dessa vez para vestir esta cidade

E o resto do país.

Rostos diferentes que preenchem nossa sociedade cosmopolitana

De negros, brancos, amarelos, pardos, índios.

Rostos que só querem uma chance na trajetória da humanidade,

Um chão, um teto, uma chance de ser feliz;

Uma chance de usufruir um pouco do que ajudaram a construir.

Educação no Brasil

Quando eu era criança,
Não existiam vagas reservadas
Para idosos, gestantes ou deficientes.
A educação mandava que os senhores se levantassem
Para que os mais necessitados se sentassem.

E tudo funcionava bem.

Hoje quando vou ao mercado,
Shopping ou algo que o valha,
Vejo vagas no estacionamento reservadas,
E sempre ocupadas;
Nos metrôs e nos ônibus,
Bancos de cor diferente,
Diferenciando quem deve se sentar,
E sempre cheios de gente sentada
A descansar da vida.

Só posso chegar a uma conclusão:

Com o passar do tempo,
A educação no Brasil ficou
Mais Deficiente e Idosa.

Espero que possa ficar Gestante
Para gerar uma nova prole
Mais Educada e Consciente.

Religião e política

Primeiro foi Elias
A profetizar o Salvador,
Seguiu-se então Moisés
A libertar o povo escravo.
Depois chegou Jesus
A ensinar a mansuetude
E o Espírito da Verdade
Para os caminhos revelar.
Mas continuamos esperando um Deus que nos
salve e libere de todos os pecados...
Antes tínhamos Imperador
I e II a nos comandar.
Depois a República com Marechais
E café com leite a tomar,
Até um Vargas no caminho
Da industrialização,
E um JK de 50 dívidas
Em cinco anos...
Passamos por militares
De boca fechada e cabresto,
E quando pudemos votar,
Elegemos um Collor com seu PC
(personal corruptator),

Depois o tiramos do poder
E continuamos tentando
Um Fernando Henrique Filósofo,
Um Luís Inácio Ferreiro.

Assim como na religião, continuamos esperando
um político honesto que nos traga ilusão...
E um emprego público, se possível.

Eleições

As eleições são chegadas.
Mais uma vez teremos de escolher
Entre aqueles que não quereríamos no poder.

Mãos de luz

Havia no interior da Lemúria, numa pequena vila, um menino especial. Desde que nascera, tinha as mãos iluminadas o tempo todo, com um brilho intenso e azulado. Tivera por destino que sua mãe morresse no parto. Foi então criado por religiosos locais e cultuado como filho de um deus. Afinal, como poderia um ser comum apresentar luz natural tão intensa?

Suas mãos, então, foram envoltas nos tecidos mais caros e finos da região, para que seu brilho não fosse visto por qualquer um, apenas eram descobertas em ocasiões especiais. Vê-las era um privilégio de poucos, e logo ele se tornou um mito.

Não deixavam que ele usasse suas mãos para nada, para mantê-las puras. Então ele tinha sempre alguém a seu lado, para realizar as tarefas mais cotidianas. Nem um simples copo d'água era dado a ele levantar.

O tempo passou e o mito ao redor dele cresceu. No dia em que ele alcançaria 15 anos, foi preparada uma grande festa com toda a comunidade, em que o ponto alto seria a apresentação de suas mãos iluminadas.

Qual não foi o espanto geral quando foram retirados os tecidos e suas mãos não brilhavam. Pelo contrário, apresentavam-se negras, como a escuridão mais profunda conhecida. Pasmos, os religiosos o culparam, dizendo que ele havia feito mau uso do seu dom, e o expulsaram da vila.

Ele correu e correu, sem saber o que fazer, pois sempre fora impedido de fazer qualquer coisa para preservar suas mãos. Ficou com sede e mal conseguia curvar as mãos em forma de concha para sorver a água do rio. A fome era muita, mas a dor para dobrar os dedos era lancinante, e quase não conseguia colher os frutos das árvores.

Isolou-se numa caverna, maldizendo a Deus e aos homens, que haviam lhe dado um dom e retirado sem que ele tivesse culpa de nada. Queria se manter isolado do mundo.

E assim viveu por muitos anos, pesadamente aprendendo a fazer as coisas por conta própria e recuperando anos de movimento com as mãos. Passava dias sem dor, outros com muita, mas se acostumou com sua vida.

Certo dia, percebeu uma grande confusão perto de sua aldeia, e a curiosidade o fez verificar o que acontecia. Quando se aproximou, percebeu que sua aldeia estava cercada por invasores prestes a sacrificá-los por seus desejos de riquezas.

Viu, então, que uma criança se posicionava à frente dos invasores, enquanto a maioria dos adultos tentavam se esconder. Sem piedade alguma, o líder daquela invasão atirou uma lança contra a criança, e ele, instintivamente, atirou-se na frente para salvá-la. A lança abriu-lhe o peito, e para espanto geral, ao invés de sangue, de seu peito jorrou luz. Espantados, os invasores fugiram com medo daquele fenômeno, e os próprios aldeões não sabiam o que fazer, e se curvaram ante aquele ser de luz.

A luz sempre esteve dentro dele, mas só poderia ser utilizada se tivesse uma finalidade nobre. Sem finalidade, ela apenas se esvaía sem utilidade.

E dali em diante, seu coração trabalhou incansavelmente pela sua aldeia, pela paz e pelo amor aos seus irmãos, não se importando se eles o compreendiam ou não.

Céu

A maioria das pessoas diz
Que quando morrer
Quer ir para o céu.
Tenho cá minhas dúvidas
Se desejo o mesmo destino.
Céu é um lugar
Onde não tem
Corinthians X palmeiras?
Onde se desfruta da
Eterna paz? (gosto de trabalhar...)
Quem fez um lugar assim,
Tão ordeiro e correto,
Tão sublimado e chato de viver?
Se assim fosse,
Deus não seria Justo e Bom.
Por ser assim, Ele fez
O Céu e o inferno coexistirem
Dentro de nós:
Cada um tem seu Céu
Ou seu inferno,
Ou um pouco de cada,
Temperados com nossa personalidade.
Ao mesmo tempo somos brutos e sensíveis,

Heroicos e covardes,
Numa luta eterna do
Bem contra o mal.

Precisa-se de engenheiro

Precisa-se de engenheiro
Especializado em interiores
Para realizar reforma ampla e irrestrita
No íntimo de minha alma.
Retirar as ideias antigas e empoeiradas,
Transformar esses armários de preconceitos
E essas prateleiras de intolerância
Em uma sala ampla de novidades,
Em caridade, amor ao próximo e gratidão.
Retirar essa parede de medo
Que atravanca a entrada da minha casa,
E descerrar todas as qualidades
Escondidas atrás dessa argamassa.
Remexer na cozinha de meu íntimo
E talvez sumir com a geladeira
Onde costumo congelar minhas emoções.
Preservar apenas a mesa
Ao redor da qual possa receber a família,
Os amigos e todos aqueles que tragam qualidade
Para minha vida.
Refaça a entrada trocando o portão,
E que seja forte o suficiente
Para manter do lado de fora

O egoísmo, a falta de amor, a tristeza e
A mágoa.
A mágoa só entra onde deixamos entrar.
Que o teto se abra para a luz do sol,
Sem medo dos tempos de chuva,
Porque eles não duram para sempre.
Deixar no escritório um espaço
Para uma copiadora.
E que assim possamos repassar em cópias
Todo o nosso ensinamento e aprendizado,
Todos os nossos erros e fracassos,
Para alertar a quem for possível.
E que a reforma termine pelo jardim,
Cheio de plantas, árvores, pássaros e peixes,
A completarem a imagem figurativa
Do Éden perdido,
Lembrando de que devemos completar a reforma
Para retornar à paz.

O garoto que queria ser livre

De repente, acordei e não pude andar. E não estava só. Havia vários iguais a mim, e estávamos acorrentados uns aos outros como se fôssemos escravos. Estávamos encravados na lama, derrapando, tentando nos mexer, mas sem conseguir. Tudo era névoa. Eu tentava ver a luz do Sol, mas ele parecia estar escondido por detrás de um pano, e só se divisava seu redor.

Não me lembrava como chegara até ali. Mas me lembrava de meu maior desejo desde garoto: ser livre!

Desde cedo, achava-me preso em casa. Lá, tudo tinha regras. Estudar, dormir, refeições regradas. Recebia amor, carinho, educação, família, mas não me bastava. Ninguém me entendia. Eu queria liberdade, ir aonde quisesse, viver de minha maneira.

Um dia não aguentei mais. Já adolescente, juntei minhas coisas e fui embora. Saí correndo, o Sol batendo no meu rosto, o vento acariciando minha pele. E fui aonde quis. E fiz o que quis. E logo isso não me satisfazia mais.

Então quis experimentar um pouco de tudo que a vida podia me dar. E logo aprendi que tudo tinha um preço. Às vezes, meio alto. Mas minha liberdade não tinha preço. Esqueci-me de tudo. Família, casa, escola. Mas encontrei vários amigos. Amigos como eu, que sabiam o que eu sentia. E provei cada grama, copo e sensação que a vida tinha guardado para mim. E, do meu modo, fui feliz.

Só não entendia como havia chegado ali. O cheiro me incomodava, e a vontade de correr era enorme, mas as correntes não deixavam. E passaram-se dias e noites. E não sei quanto tempo, mas nada mudava. Procurei instintivamente uma chave para conseguir me soltar daquelas correntes, mas foi em vão.

Até que um dia acordei com alguém diferente me olhando. Não estava preso e parecia não afundar na lama como nós. Sua voz chegou até mim como um sussurro:

— Como vai, amigo?

Amigo? Eu não o conhecia, mas ele me chamava de amigo.

— Já faz muito tempo. Por várias vezes eu vim te ver, mas parece que só agora você está pronto para conversar comigo. Quem sabe agora você esteja preparado para ir embora e retomar sua vida.

— Quem é você, e como cheguei aqui?

— Já lhe disse, sou um amigo. E você chegou aqui buscando sua liberdade. Ou pelo menos o que você achava que era liberdade. Sua verdadeira liberdade era escolher entre viver com sua família e corrigir seus enganos passados ou se apegar ao desejo irrestrito de liberdade. Infelizmente escolheu a segunda opção e fugiu de suas reais responsabilidades. Foi feliz ao seu modo, reencontrando amigos de delitos e se alegrando com a displicência e indigência. Assim chegou aqui. Ao fim de uma jornada preso a antigos companheiros, atraídos uns aos outros pelos elos em comum. Uma liberdade que virou prisão.

— E quem é você para falar comigo desse jeito?

— O tempo perdido o fez perder a visão da realidade, meu irmão. Mas serei sempre seu irmão mais novo querido, e estarei sempre pronto a lhe estender a mão quando você decidir acordar para a verdadeira vida.

Por entre suas memórias remoídas do passado, surgiu seu irmão, que o acompanhou por toda infância, mesmo que ele não lhe tenha dado tanta atenção. E uma lágrima correu pela sua face, atingindo aquelas correntes, que se esfacelaram, separando-o daquele grupo. Levantou-se e seguiu de cabeça baixa aquele irmão iluminado, que viera para quebrar suas correntes do passado e lhe ensinar a verdadeira liberdade.

Tempestade

Tudo passa
Num exíguo instante,
No clique da máquina fotográfica
De nossa vida.
Tão rápido ao se olhar de fora,
Um raio que sobe aos céus
Em meio à chuva forte
Que inunda o mar da
Vida Eterna.
É terno o olhar
Dessa Estrela Maior
No céu a nos guiar.
Desse agricultor, Semeador do Bem e nossas vidas.
Vidas que cheias de raios
Caminham pela tempestade
Buscando o ponto final,
A recompensa de Luz,
O céu azul infinito de Paz.

Tempestade II

Sejamos tempestade.
Ao nosso redor a intempérie, o mau tempo,
Vendavais de ansiedade.
Trovoadas de incompreensão,
Desilusão, incoerência,
Tudo que fere o coração.
Ondas gigantes de maldade,
Ignorância e infelicidade
Tentam nos invadir e arrastar,
Destruir a nossa sanidade.
Em meio a tanto mau tempo,
Sejamos o olho do furacão,
Trazendo calmaria em meio à destruição,
Ajudando o sol a brilhar,
Afastando a incompreensão.
Sejamos ilha de amor
Em meio a tanta inveja em ação.
Não deixemos os ventos fortes
Arrastarem nossa coragem,
Minar nossa perseverança,
Manchar nosso coração.
Sejamos o olho do furacão
Ajudando a reconstruir
O que sobrar da destruição.

Papel no chão

Vi o papel estirado no chão,
Meio amassado, pedindo perdão
Pelo mal que fez a qualquer cidadão
Para ser jogado no chão da cidade.
Papel de bala, salgado ou jornal,
Inconsciente de seu destino final,
Em qualquer rua, praça ou canal,
Temendo o destino da humanidade.

Humano é quem suja seu próprio habitat?
Arremessa o papel a Deus dará?
Da janela, de um carro, ou da porta de um bar,
Deseducado e imundo viver.
Inconsciência da nossa situação,
Tanta sujeira rolando no chão,
Lá fora, na rua ou no coração
De quem não pensa no futuro do ser.

Se amanhã a inundação virá
E quem sabe de lição valerá,
Pois só quem tem educação sabe dar
Uma saída pra nova geração.
Sem cultura o papel vai crescer
E rolar sobre o pequeno ser

Que talvez amanhã vá nascer
Preocupado com nossa condição.

Será que um dia meus olhos verão
O chão da cidade sem restos mortais
Da civilização que não aceita mais
O instinto humano da deseducação?

Missão

Muitas vezes na vida,
Sonhamos com grandes missões,
Grandes feitos que nos deixariam
Conhecidos como heróis.
Mas normalmente não nos atentamos
Aos grandes sacrifícios
Que esses louvados heróis
Tiveram que passar.
Um Gandhi, que clamava
Pela paz,
Morreu assassinado violentamente.
Uma Madre Teresa,
Sempre atenta aos desvalidos,
Deixou para trás o conforto da família
E da vida social.
Um Buda,
Que para implantar uma nova filosofia,
Um novo modo de conhecimento,
Deixou para trás palácios e privilégios.
Quem está disposto a tanto?
Quem quer se desalojar do conforto,
Da família, da posição social.
Grandes missões são para

Grandes Espíritos.
Fico contente em desempenhar as pequenas missões
Que nos aparecem no dia a dia.
Alegro-me em fazer sorrir meu filho,
Em preparar o café da manhã para a família,
Em repartir meu tempo e minha vida
Com alguém que precise de
Uma palavra.
Fico atento à missão
De sorrir a cada dia,
Mesmo que o dia não tenha sorrido para mim.
Como a rosa que nasce
Mesmo em meio a tantos espinhos.
São as pequenas missões
Que nos tornam mais fortes,
Mais preparados e renascidos
Para as grandes.
Aceite suas pequenas missões,
Empenhe seu coração em cada vírgula
Do diário de sua vida,
E acumule gotas de amor
A cada café da manhã.
O Sol nasce, mesmo que por detrás das nuvens;
A sua missão é estar lá para nos manter a vida,
Mesmo que nem sempre prestemos atenção nele.
Às vezes trabalhos imperceptíveis
São a diferença no caminho de alguém.
Seja o sorriso na boca de uma criança
Por alguns segundos na vida.

Seja a mão que afaga
Uma alma ferida.
Seja mais uma peça
No quebra-cabeça de uma nova vida.

Achados e perdidos

Em uma grande loja de departamentos, há uma senhora por detrás de um balcão bege sujo, esquecido no fim da loja. Ela usa óculos estranhos, está meio despenteada e com o olhar mais perdido do que achado.

Aproxima-se, então, um senhor de idade, com cara preocupada (e perdida):

— A senhora poderia me ajudar?

— Pois não? (sem muita vontade)

— Poderia ver nos achados se encontraram uma coisa que eu perdi?

— E o que o senhor perdeu?

— Meu coração.

— ...?

— A senhora poderia ver se acharam um coração?

— Deixe-me ver... Dois braços, um com tatuagem, outro sem. Três orelhas: uma com três brincos, uma com um, uma só com cera. Dois olhos de vidro, um verde e um azul. Cinco pés esquerdos e dois direitos. Duas mãos quase sem uso e uma bem calejada. Quarenta e dois dentes de vários tipos e tamanhos. Não, senhor, não encontraram nenhum coração...

— Desculpe-me, senhora, atrapalhar seu serviço, mas na minha idade a gente costuma esquecer muito fácil das coisas, em qualquer lugar.

— Quem sabe não deixou na casa de um parente ou amigo? (bem debochada)

— E não é que é mesmo? Lembrei... eu o deixei para minha mulher no dia de nosso casamento, junto com todo o meu amor...

— Então é só ir para casa, que ela deve estar guardando o coração para o senhor.

— Infelizmente ainda vai demorar um pouco para consegui-lo de volta. Semana passada ela foi para o Céu, e com certeza o levou junto com meu amor. Quem sabe daqui a alguns anos...

E ele virou as costas e sumiu antes mesmo que ela conseguisse fechar a própria boca, aberta sem achar palavras para responder.

Procurando você

Estive em lugares
Para muitos imaginários,
Por vales e fendas,
Abismos infindáveis,
Por entre espinheiros
Correndo sem rumo,
Fugindo de Lobos
Disformes em uivos.
Encontrando com monstros
Em espelhos pela casa,
Ouvindo tua voz
Sem te ver a meu lado.
No vazio atrás,
Já te encontrei ao passar
Pelo muro que construí
Com meu orgulho infantil
De quem se isola e sorri.
Eu te percebi através do véu
De egoísmo rasgado, maltrapilho,
Cobrindo meus olhos do céu,
Onde veria teu brilho.
Andei por lugares reais
E por fantasias de sentimento.

Só te encontrei em um lugar:
Meu coração,
Onde você estava sempre e vai continuar vivendo.

Papel no caminho
(em homenagem a Carlos Drummond de Andrade)

Tinha um papel no meio do caminho,
No meio do caminho tinha um papel.
E isso ficou marcado na minha
Curta e insatisfeita memória.
E depois do papel no caminho,
Havia um monte de entulho
E umas caixas vazias
(como quem joga papel na rua),
E depois um sofá
Velho, sujo e rasgado,
E nele havia um mendigo,
Tão esfarrapado quanto o sofá;
E que não tinha nada para
Jogar no chão,
A não ser sua dignidade,
Sua infeliz liberdade
De dormir onde quiser.
Como outro entulho qualquer
Jogado pela cidade.

Por trás da máscara

Por trás da máscara encontramos
Toda espécie de pessoas;
Assustadas, incomodadas, asfixiadas em seus
pensamentos,
Revoltadas com a situação, clamando por solução.
Por trás da máscara encontramos
Amor ao próximo, de quem trabalha com saúde,
Asfixiado pelo trabalho, tantas vezes feito em vão,
Tanta luta e tanto esforço ignorados sem perdão
Por quem faz da máscara piada de salão.
E muitas vezes salão de festa, onde quem ignora
se refestela,
Dança, brinca, sem um pingo de remorso na testa,
Inflamando cada vez mais a discussão.
E só quando um pedaço do coração
Se despedaça ao ver alguém partir
Pela falta da máscara de amor e compaixão
Que se transforma em máscara negra de luto
e desespero.
Fazemos o apelo, pelo amor não a si,
Mas ao próximo tão próximo,
Pelas máscaras de amor e resignação.
É preferível passar por tolo
Do que ter que pedir por perdão,

Com dor na consciência depois do fato consumado.
Por trás da máscara encontramos
Aqueles que sempre se fizeram úteis
Trabalhando e distribuindo, mais que amor alimento,
Lenitivo ao sofrimento,
Uma dose de esperança, para adultos e crianças,
Na espera de um porvir melhor.
Por trás da máscara vemos outra máscara,
Daqueles que deveriam se preocupar,
Mas que só conseguem enxergar um palmo
Além da própria máscara.
Escondidos como sempre estiveram
Nas próprias ilusões de poder,
Tão passageiro quando transitório,
Tão insuficientemente grande para seus egos
astronômicos.
Por trás das máscaras continuamos e esconder
Nossos defeitos, nosso orgulho, nosso egoísmo e nossa
imperfeição,
Nossa falta de afeto, nossa ingratidão,
Nossa falsa certeza de felicidade, a infeliz noção de
sociedade.
A falsa modéstia e a vaidade,
Os suspiros de uma sociedade que ainda não aprendeu
A respeitar seu irmão.
Estamos presos a máscaras,
Impossibilitados de dar as mãos,
Um abraço, um aconchego, um esbarrão.
Só nos resta aprender
A demonstrar nosso bem-querer

Com o olhar pronunciado de amor
A demonstrar o que vai no coração.
Por trás de cada máscara eu posso ver
Uma chance de reverter
Toda ignorância em compaixão.
Por trás de minha máscara sorrio para vocês,
Na esperança de que essas palavras
Sejam mais que um desabafo,
Sejam simplesmente o início
De uma corrente de amigos
Unidos pelo coração.

O mundo parou

E agora, Mané?
O mundo parou
O vírus chegou
Muita gente chorou
E o pobre assustou
Até o rico levou.
E agora, Mané?
Já não tem mais certeza
Já não sabe fazer
Não tem trabalhar
Não tem como olhar
Através da máscara.
O dinheiro acabou
O emprego acabou
A paciência extravasou
E ninguém sabe ao certo onde vai parar.
E agora, Mané?
O futuro já não sabe
O desencanto da sociedade
O aluno sem criatividade
E a aula acabou.
Acabou com a vida
E o vizinho morreu

O parente sequelou
O Amor desenganou
A sociedade embruteceu.
E agora, Mané?
A vacina chegou?
Chegou. Não chegou?
Quem foi que tomou?
Todo mundo quer
Retornar para o antes
Para os abraços os amantes
Para as ruas os ambulantes
Para a escola os estudantes.
Todos sabem tudo
E ninguém sabe nada.
Como fica, Mané?
A vida já não é mais a mesma
O futuro já não é mais o mesmo
E o humano, o que é?
Não é nada no mundo
Só mais um ser entre tantos
Derrotado por algo tão pequeno
Mas contundo
O dono do mundo
Nada mais é
Do que só mais um nessa bola
Gigante e azul
Que se autocontrola
Responde aos maus tratos
E finge que chora

Mas se defende através de um pequeno vírus
E ao mundo controla.
Para onde vamos?
De onde viemos?
Então me pergunto:
E agora, Mané?

Agradecimentos

Agradeço à minha mulher,
Que de um pedaço de ilusão
Me ensinou a construir uma vida.